Vente du lundi 14 mai 1877

HOTEL DROUOT, SALLE N° 8

BONS
TABLEAUX
ANCIENS

EXPOSITION PUBLIQUE : le Dimanche 13 Mai 1877

DE UNE HEURE A CINQ HEURES

<table>
<tr><td>COMMISSAIRE-PRISEUR
Me CHARLES PILLET
10, rue de la Grange-Batelière.</td><td>EXPERT,
M. FÉRAL, PEINTRE,
54, rue du Faubourg-Montmartre.</td></tr>
</table>

CATALOGUE

DE BONS

TABLEAUX ANCIENS

PARMI LESQUELS ON REMARQUE:

Plusieurs charmantes Compositions par

François BOUCHER

Dont deux provenant de la Collection du prince de Conti

ET AUTRES ŒUVRES IMPORTANTES

PAR

Boilly, Frans Hals, Salomon Ruysdaël, etc., etc.

DONT LA VENTE AURA LIEU

HOTEL DROUOT, SALLE N° 8

Le Lundi 14 Mai 1877,

A DEUX HEURES.

Par le ministère de Me CHARLES PILLET, Commissaire-Priseur,
10, rue de la Grange-Batelière,

Assisté de M. E. FÉRAL, Peintre-Expert, 54, rue du Faubourg-Montmartre,

Chez lesquels se trouve le présent Catalogue

EXPOSITION PUBLIQUE : le Dimanche 13 Mai 1877,
DE UNE HEURE A CINQ HEURES

CONDITIONS DE LA VENTE

Elle sera faite au comptant.

Les adjudicataires payeront *cinq pour cent* en sus des enchères.

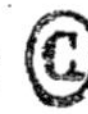

Paris. — Typ. Pillet et Dumoulin, 5, rue des Grands-Augustins.

DÉSIGNATION

BEGA (Attribué à ABRAHAM)

1 — Le Soir.

Des vaches et une chèvre rentrent dans une étable couverte par un toit de chaume, près de laquelle sont deux saules dont le feuillage se détache sur un ciel nuageux, éclairé par les derniers rayons d'un soleil couchant.

Toile. Haut., 46 cent.; larg., 62 cent.

BEYEREN (ALBERT VAN)

— L'Etal du marchand de poissons.

Sur une table sont placés une raie, des crabes,
auprès d'une corbeille remplie de poissons. — Sur
la droite, une cruche en terre vernie et un seau
en bois ; à gauche, une fenêtre ouverte, au travers
de laquelle on aperçoit une plage et des pêcheurs.

Beau tableau du maître.

Signé du monogramme.

Toile. Haut., 115 cent.; larg., 103 cent.

BLOOT (PIERRE DE)

3 — La Victime de Noël.

Dans un intérieur rustique, des paysans hollandais viennent de tuer un porc, le mari et la
femme, devant une cheminée, font des saucisses,
pendant que dans le fond leurs enfants gonflent
une vessie.

Bois. Haut., 40 cent.; larg., 30 cent.

BOILLY (LOUIS)

4 — L'Atelier de Houdon.

L'artiste est représenté dans son atelier, debout,
occupé à modeler le buste d'un personnage qui
est assis dans un fauteuil; il a derrière lui sa
femme et trois jeunes filles, vêtues de blanc, dont
l'une est occupée à regarder des dessins dans un
portefeuille.

On voit, dans l'atelier, les bustes et les portraits
les plus célèbres du maître.

Au centre, se trouve la statue de Voltaire, qui
orne aujourd'hui le foyer de la Comédie-Française ;
à gauche, la belle étude anatomique connue sous
le nom de l'Écorché.

Superbe et important tableau du maître.

Toile. Haut., 88 cent.; larg., 110 cent.

BOILLY (LOUIS)

(DEUX PENDANTS)

4 bis — La Mère de famille.

La Leçon de dessin.

Spirituelles esquisses.

Toiles. Haut., 21 cent.; larg., 16 cent.

BOUCHER (FRANÇOIS)

5 — La Chasse.

Un jeune berger a tendu ses filets et, caché derrière une haie avec deux jeunes filles, il attend le moment opportun pour tirer le lacet et rendre prisonniers une troupe d'oiseaux qui voltigent au-dessus du piége qu'il a préparé.

Derrière eux, une fontaine surmontée d'un groupe d'amours.

Charmante composition de l'artiste d'une remarquable finesse d'exécution.

Signé en toutes lettres et daté 1766.

Collection du prince de Conti.

Toile. Haut., 70 cent.; larg., 56 cent.

BOUCHER (FRANÇOIS)
(PENDANT DU PRÉCÉDENT)

6 — La Pêche.

Un jeune homme assis au bord d'un cours d'eau tient une ligne; près de lui, deux jeunes femmes : l'une, debout, tient un panier, tandis que l'autre, assise et appuyée nonchalamment sur le petit pêcheur, regarde et attend.

A droite, des arbres aux troncs noueux; vers le fond, à gauche, une ferme au-dessus de laquelle s'élève un colombier.

Collection du prince de Conti.

Toile. Haut., 70 cent.; larg., 56 cent,

BOUCHER (FRANÇOIS)

7 — La Jeune femme coquette.

Elle est assise ; ses cheveux blonds, ornés de fleurs, sont retenus par un ruban bleu : elle porte un corsage en soie rose décolleté, un fichu noué autour du cou et cause avec un petit berger qui a pris une de ses mains et la regarde avec admiration. Fond avec rideau vert.

Toile ovale.

Haut. 105 cent.; larg., 84 cent.

BOUCHER (FRANÇOIS)

(PENDANT DU PRÉCÉDENT)

8 — La Petite paysanne.

Vue à mi-corps, un fichu rayé noué autour de la tête, elle porte un corsage bleu décolleté ; auprès d'elle, un homme la regarde en souriant et cherche à prendre les œufs qui sont dans son panier.

Toile ovale.

Haut., 105 cent.; larg., 84 cent.

BOUCHER (FRANÇOIS)

9 — Nymphe endormie.

Elle est couchée sur un lit de repos entouré de draperies roses, avec coussins en velours vert ; un amour dort auprès d'elle.

Toile. Haut., 36 cent.; larg., 44 cent.

BREUGHEL (PIERRE)

10 — Fête flamande.

De nombreux personnages se promènent au bord d'une rivière glacée qui entoure les remparts de la ville ; un peu plus loin, une multitude fait cercle près de quelques danseurs ; sur la gauche, on aperçoit un pont et des patineurs.
Tableau important de l'artiste.

Toile. Haut., 70 cent.; larg., 70 cent.

BREUGHEL (PIERRE)

11 — Paysage. — Effet de neige.

Des villageois patinent sur une rivière glacée qui traverse un village ; à droite, des arbres et des broussailles sur lesquels voltigent de nombreux oiseaux.

Bois. Haut., 35 cent.; larg., 55 cent.

BREUGHEL (JEAN dit DE VELOURS)

12 — Paysage avec moulins à vent.

Sur le devant, un chemin que suivent un chariot attelé de deux chevaux, et des villageois.

Fin tableau de l'artiste peint sur cuivre.

Cuivre. Haut., 16 cent.; larg., 23 cent.

BREUGHEL (JEAN dit DE VELOURS)

13 — Paysage montueux.

Des chariots et des villageois descendent ou gravissent un chemin traversant une colline, du sommet de laquelle on aperçoit une vaste étendue de pays.

Cuivre. Haut., 16 cent.; larg., 26 cent.

BRIL (PAUL)

14 — Cours d'eau et chasseurs à l'entrée d'un bois.

Fin tableau de l'artiste.

Bois. Haut., 28 cent.; larg., 36 cent.

CERQUOZZI (dit MICHEL ANGE des BATAILLES)

15 — Pommes et raisins avec leurs ceps posés sur une console de pierre.

Toile. Haut., 72 cent.; larg., 88 cent.

CUYP (Genre d'ALBERT)

16 — Famille hollandaise.

La mère, assise, a sur ses genoux une corbeille de fruits; à sa droite, son mari debout; à ses côtés, deux fillettes et un jeune garçon tenant un chien en laisse.

Toile. Haut., 137 cent.; larg., 102 cent.

DE MARNE (LOUIS)

17 — Marine.

Au centre, deux femmes et un villageois causent avec deux bateliers qui, montés dans un bateau, approchent du rivage.

Toile. Haut., 55 cent., larg , 80 cent.

DEVOSGE (ANATOLE)

18 — Agar et son fils renvoyés par Abraham.

Toile. Haut., 29 cent.; larg., 36 cent.

DURER (ALBERT genre de)

18 *bis* — La Mélancolie.

Bois. Haut., 48 cent.; larg., 36 cent.

GUIDO RENI

19 — Le Sommeil de l'enfant Jésus.

Toile ovale.

Haut., 66 cent.; larg., 86 cent.

HALS (FRANS)

20 — La Marchande de poissons.

Elle est assise sur la plage, vue à mi-corps, tenant sur ses genoux un baquet rempli de poissons. Elle est coiffée d'un bonnet noir, un fichu blanc lui entoure le cou et couvre sa poitrine;

elle porte un corsage noir avec manches rouges ; un tablier est noué à sa ceinture. On aperçoit, à gauche, les dunes au sommet desquelles on distingue deux personnages. Ciel gris et nuageux sur lequel se détachent quelques oiseaux.

Superbe peinture de l'artiste, d'une exécution franche et accentuée.

Signé du monogramme.

Collection Oudry.

Toile. Haut., 80 cent.; larg., 64 cent.

HUET (J.-B.)

21 — Pastorale.

Toile. Haut., 35 cent.; larg., 27 cent.

KLOMP (ALBERT)

22 — Vaches et moutons au repos auprès d'une cabane sous la garde d'un berger.

Bois. Haut., 48 cent. larg., 63 cent.

KLOMP (ALBERT)

23 — Vaches et moutons au pâturage.

Toile. Haut., 32 cent.; larg., 40 cent.

KOBELL (JEAN)

24 — Pâturage.

Une bergère trait des vaches qui paissent dans une prairie coupée par un cours d'eau.

Bois. Haut., 40 cent.; larg., 53 cent.

LACROIX (G.)

25 — Marine. — Effet d'orage.

Un bateau s'est brisé sur des rochers qui se trouvent au premier plan, des pêcheurs secourent les naufragés.

Toile. Haut , 41 cent.; larg., 47 cent.

LANCRET (d'après NICOLAS)

26 — Danse dans un parc.

Toile. Haut., 1 m. 25 cent.; larg., 1 m. 20 cent.

LAWRENCE (sir thomas)

27 — Portrait de jeune femme.

> Vue jusqu'à la ceinture, la tête de trois quarts tournée vers la droite, coiffure blanche avec broderie d'or, robe décolletée.
> Belle peinture du maître.

Toile. Haut., 74 cent.; larg., 61 cent.

LAWRENCE (sir thomas)

28 — Portrait d'un jeune homme.

> Vu jusqu'à la ceinture, la tête tournée vers la gauche les cheveux blonds bouclés, cravate en satin noir, habit brun avec collet de velours.
> Belle peinture du maître.

Toile. Haut., 74 cent.; larg., 61 cent.

LE BARBIER

29 — Jupiter et Antiope.

Toile. Haut., 55 cent.; larg., 45 cent.

LE MAIRE POUSSIN

30 — La Fuite en Égypte.

> Auprès des ruines d'un antique monument, la Vierge, assise sur le sol, allaite l'enfant Jésus ; à droite, et au second plan, saint Joseph.

Toile. Haut., 60 cent.; larg., 70 cent.

LUTTI (BENEDETTO)

31 — Apollon attachant Marsyas à un arbre.

Toile. Haut., 46 cent.; larg., 61 cent.

MARIESCHI (JACQUES)

32 — La Place Saint-Marc à Venise.

Toile. Haut., 47 cent.; larg., 70 cent.

MARIESCHI (JACQUES)

33 — Saint-Georges Majeur à Venise.

Toile. Haut., 47 cent.; larg., 70 cent.

MICHAU (THÉOBALD)

34 — Villageois et leurs bestiaux allant au marché.

Bois. Haut., 41 cent.; larg., 57 cent.

MICHAU (THÉOBALD)

(PENDANT DU PRÉCÉDENT)

35 — Villageois et leurs bestiaux au bord d'une rivière.

Bois. Haut., 41 cent.; larg., 57 cent.

MICHEL (GEORGES)

36 — Plage.

Sur le devant, deux bateaux de pêcheurs attendent la marée haute; vers le fond, de nombreux personnages groupés vendent ou achètent du poisson.

Curieux tableau de l'artiste, peint dans le genre de Van Goyen.

Bois. Haut., 22 cent.; larg., 31 cent.

MIEL (JEAN)

37 — Danseurs italiens devant la porte d'une auberge.

Villageois et leurs bestiaux auprès de constructions en ruine.

Toile. Haut., 38 cent.; larg., 72 cent.

MIGNARD (P.)

38 — Moine en prière.

Toile ovale. Haut., 40 cent.; larg., 33 cent.

MOLENAER

39 — Le Concert.

Dans un intérieur, de joyeux villageois chantent assis autour d'une table, pendant que l'un d'eux les accompagne sur son violon.

Bois. Haut., 43 cent.; larg., 31 cent.

MOLENAER

40 — Ancienne construction en ruine au bord d'une rivière.

Bois. Haut., 40 cent.; larg., 52 cent.

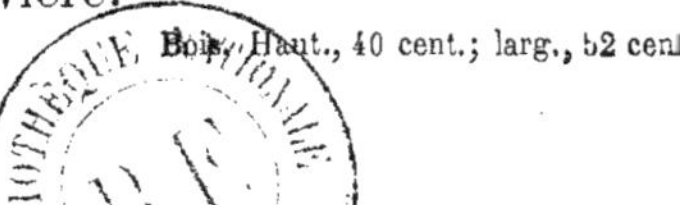

NATOIRE (CHARLES-JOSEPH)

41 — La Conversion de saint Paul.

Le saint est renversé sur le sol auprès de sa monture, ses soldats s'approchent pour le secourir. Dans le ciel, le Christ portant sa croix, est dans une gloire, entouré d'anges.

Bon tableau de l'artiste.

Toile. Haut., 71 cent.; larg., 46 cent.

NEEFS (PETERS)

42 — Intérieur d'église avec nombreuses figures.

Au premier plan, un personnage vêtu de noir cause avec un prêtre pendant qu'un gentilhomme salue deux jeunes femmes; à gauche, une chapelle où un prêtre dit la messe.

Toile. Haut., 35 cent.; larg., 50 cent.

NEEFS (PETERS)

43 — Un Ange délivre saint Pierre de sa prison.

Au premier plan, un soldat dort au bas d'un escalier, pendant que d'autres se chauffent autour d'un feu.

Fin tableau de l'artiste.

Bois. Haut., 25 cent.; larg., 34 cent.

NETSCHER (GASPARD)

44 — Jeune Femme assise dans un paysage.

Elle est vêtue d'une robe de satin blanc et a les
épaules couvertes d'une écharpe violette, le bras
gauche appuyé sur un tertre ; elle se regarde
dans un miroir.

Bois. Haut., 28 cent.; larg., 22 cent.

ORLEY (attribué à VAN)

45 — La Vierge tenant dans ses bras l'enfant Jésus.

Bois. Haut., 45 cent.; larg., 33 cent.

OSTADE (ISAAC VAN)

46 — L'Écurie.

Au centre, trois chevaux au ratelier; près d'eux,
un jeune garçon et un chien; à droite, un homme
prenant de l'eau à un puits.

Signé.

Toile. Haut., 95 cent.; larg., 110 cent.

PILLEMENT (JEAN)

47 — Le Passage du gué.

Dans un pays agreste et accidenté, un berger monté sur un âne traverse un cours d'eau, chassant devant lui une vache et quelques moutons.

Spirituel petit tableau de l'artiste.

Toile. Haut., 26 cent.; larg., 40 cent.

RAOUX (JEAN)

48 — Mademoiselle de Sens, Elisabeth-Alexandrine de Bourbon.

Vue à mi-corps, elle tient un loup et porte un élégant costume polonais avec riches galons et broderies d'or.

Gracieux portrait de forme ronde.

Toile. ovale. Haut., 88 cent.; larg., 70 cent.

ROBERT HUBERT

(DEUX PENDANTS)

49 — Rochers et cascades.

Peints sur des assiettes en faïence faites par l'artiste pendant son séjour comme prisonnier à la Conciergerie.

Forme ronde, diamètre 18 cent.

RUYSDAEL (SALOMON)

50 — Bataille.

L'attaque a lieu à l'entrée d'un village, sur les bords d'un cours d'eau, les combattants se jettent sur un pont dont ils cherchent à forcer le passage ; des soldats montés dans des bateaux déchargent leurs armes sur des cavaliers qui leur font face.

Beau et important tableau de ce maître.

Signé.

Toile. Haut., 88 cent.; larg., 105 cent.

SCHALL

51 — La Déclaration.

Dans un élégant boudoir du temps de Louis XVI, une jeune femme, coiffée d'un chapeau orné de fleurs, vêtue d'une robe blanche décolletée, est assise dans un fauteuil, et écoute les propos galants d'un jeune homme qui est à ses genoux.

Gracieux tableau peint sur cuivre.

Haut., 25 cent.; larg., 21 cent.

STELLA

52 — Moïse, enfant abandonné sur les eaux du
Nil.

Toile. Haut., 71 cent.; larg., 96 cent.

TIEPOLO (J.-B.)

(DEUX PENDANTS)

53 — Compositions allégoriques, esquisses pour
plafonds.

Toile. Haut., 26 cent.; larg., 18 cent.

VALLIN

54 — Bacchanale.

Des faunes et des bacchantes se divertissent
dans un parc orné de vases et de statues ; l'une
des bacchantes danse, tenant un tambour de
basque, une autre tient une coupe dans laquelle
un faune presse une grappe de raisins ; sur le
devant, deux amours jouent avec une chèvre.

Bois. Haut., 44 cent., larg., 55 cent.

VALLIN

55 — Portrait de jeune fille.

Vue en buste, les cheveux blonds serrés par un ruban de velours noir, elle est entourée de quelques tiges de roses trémières.

Toile. Ovale., 38 cent.; larg., 31 cent.

VAN DE VELDE (ISAAC)

56 — Choc de cavalerie.

Peinture sur cuivre.

Haut., 40 cent.; larg., 57 cent.

VAN LOO (CARLE)

57 — La Fuite en Égypte.

La Vierge tient l'enfant Jésus dans ses bras et se dirige vers la gauche, guidée par saint Joseph qui lui montre le chemin ; au-dessus d'eux, trois têtes de chérubins.

Importante composition de l'artiste.

Signée en toutes lettres et datée 1736.

Toile. Haut., 225 cent.; larg., 135 cent.

VERKOLJE

58 — Moïse sauvé des eaux.

> Une jeune femme présente l'enfant à la fille de
> Pharaon, qui est debout, entourée de ses sui-
> vantes.
>
> Toile. Haut., 66 cent.; larg., 57 cent.

VERSCHUUR (LIÉVIN)

59 — Marine. — Soleil couchant.

> Calme plat, des bateaux à voiles attendent le
> vent sur la plage ; au premier plan, des tonneaux
> et différents ballots de marchandises.
> Le soleil perce les nuages qui couvrent le ciel et
> jette des rayons qui illuminent la mer.
>
> Toile. Haut., 46 cent.; larg., 64 cent.

VERTANGEN (DANIEL)

60 — Nymphes et satyres.

> Toile. Haut., 25 cent.; larg., 30 cent.

VIEN (JOSEPH)

61 — Fontaine surmontée d'une statue.

> Au premier plan, une jeune femme et un villageois. — Dessus de porte.
>
> Signé.
>
> Toile. Haut., 88 cent.; larg., 100 cent.

VOUET (SIMON)

62 — Composition allégorique.

> Deux jeunes filles et un amour ont saisi la figure emblématique du Temps et lui coupent les ailes pour l'arrêter dans sa course.
>
> Au-dessus, une Renommée et la Fortune.
>
> Bon tableau du maître.
>
> Toile. Haut., 185 cent.; larg., 130 cent.

WATERLOO (ANTONIO)

63 — Chemin ombragé à l'entrée d'un village hollandais.

> Toile. Haut., 70 cent.; larg., 55 cent.

WERF (le Chevalier VANDER)

64 — Portrait de femme.

Vue jusqu'aux genoux, assise sur la terrasse d'une riche habitation, elle est drapée dans un ample manteau noir, le bras gauche appuyé sur uue console.

Signé et Daté.

Toile, Haut., 45 cent.; larg., 38 cent.

WYNANTS

65 — Paysage. — L'Abreuvoir.

Un homme conduit deux chevaux se désaltérer dans un cours d'eau coulant au pied de rochers surmontés de quelques arbres; à droite, des plantes à larges feuilles ; à gauche, un tronc d'arbre ; dans le fond, des montagnes, effet de soleil couchant.

Toile. Haut., 110 cent.; larg., 150 cent.

ÉCOLE ESPAGNOLE

66 — L'Éducation de la Vierge.

Toile. Haut., 32 cent.; larg., 42 cent.

ÉCOLE ESPAGNOLE

67 — Portrait d'homme.

Vu à mi-corps, il porte un vêtement noir et a la main gauche sur la hanche.

Toile. Haut., 108 cent.; larg., 80 cent.

ÉCOLE FRANÇAISE

68 — Vue de Paris.

Au premier plan, le Pont-Neuf animé par de nombreux personnages ; au centre, le carrosse du roi, attelé de huit chevaux ; à droite, le Louvre ; de nombreux bateaux marchands stationnent au bord des quais.

Tableau des plus curieux.

Toile. Haut., 75 cent.; larg., 100 cent.

INCONNU

69 — Paysage. — Effet de clair de lune.

Toile. Haut., 35 cent.; larg., 44 cent.

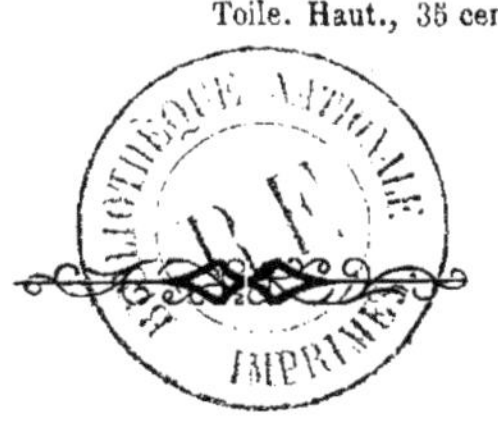